¡Cómo Obtener

Seguridad, Confianza, Influencia Y Afinidad

Al Instante!

13 Maneras De Crear
Mentes Abiertas
Hablándole A La
**Mente
Subconsciente**

TOM "BIG AL" SCHREITER

Para información, contacte:
Fortune Network Publishing,
PO Box 890084
Houston, TX 77289 Estados Unidos

Teléfono: +1 (281) 280-9800

ISBN: 1-892366-61-4
ISBN-13: 978-1-892366-61-0

TALLERES DE BIG AL

Viajo por el mundo más de 240 días al año impartiendo talleres sobre cómo prospectar, patrocinar y cerrar.

Envíame un correo electrónico si quisieras un taller "en vivo" en tu área.

http://www.BigAlSeminars.com

Otros libros geniales de Big Al están disponibles en:

http://BigAlBooks.com

TABLA DE CONTENIDOS

PREFACIO

No se trata de la presentación. No se trata del precio. No se trata del aliento del vendedor.

Se trata de esos primeros segundos mágicos cuando un vendedor contacta al prospecto. ¿Qué sucede?

En los primeros segundos, los prospectos hacen una decisión instantánea de:

1. Confiar en ti y creer en lo que dices.

O

2. Activar la "alarma de vendedores". Levantar su filtro "demasiado bueno para ser verdad". Comportarse escépticos y buscar "el gancho".

Esa decisión es inmediata y, desafortunadamente, casi siempre es definitiva.

Aprende cómo construir ese lazo de seguridad y confianza en segundos. ¿Cómo? Hablando directamente a la parte del cerebro que toma las decisiones, la mente subconsciente.

No te preocupes, ésto es sencillo. Aprenderás "micro-frases" muy cortas, de cuatro o cinco palabras, técnicas naturales y muy simples que puedes dominar en seguida.

—Tom "Big Al" Schreiter

Afinidad.

¿Cuál es la diferencia entre una persona con mucha influencia, y un cajero de banco desempleado?

Afinidad.

El vendedor #1, realiza una presentación perfecta a un prospecto perfecto, pero no hace la venta.

El vendedor #2, comienza con 3 a 8 segundos de afinidad, dirigidos a la mente subconsciente del prospecto y el vendedor #2 no puede fallar. El vendedor #2 siempre hace la venta, ¡incluso si es poco competente y su prospecto tiene que venderse a sí mismo!

Los profesionales saben que la venta está hecha... mucho antes de que la presentación siquiera comience. La primera decisión del prospecto es, o aceptar lo que digas como verdadero, o, levantar el muro de desconfianza y sospecha.

¿Qué?

Sí, los prospectos toman la decisión de confiar y creer lo que les digas, mucho antes de que comiences con tu presentación.

¿Quieres un par de ejemplos?

1. ¿Qué tal si mi comentario de apertura contigo fuese: – Confía en mí. Vengo del departamento de Hacienda, para ayudarte con tus impuestos.

¿Has tomado la decisión de confiar en mí? No lo creo.

2. Frecuentemente doy conferencias y entrenamientos en Rusia. ¿Qué tal si comenzara mi discurso diciendo: -Confía en mí, vengo de Estados Unidos?

¿Acaso crees que instantáneamente tomen la decisión de levantar la guardia si digo eso?

Piensa en ello de esta manera. Acabas de conocer a un vendedor de autos usados, se ve mañoso y además habla rápidamente. Instantáneamente tu guardia se pone en alto.

Temes confiar y creer cualquier cosa que diga el vendedor.

Es el final.

Incluso si el vendedor mañoso te ofreciera la mejor ganga en la historia de la humanidad, no confiarías ni creerías en su oferta. Tu respuesta sería un "No."

Estarías pensando:

–Demasiado bueno para ser verdad.

–¿Dónde está "el truco?"

–No puedo confiar en un vendedor.

–Tengo que ser escéptico para proteger mi dinero.

La venta más grande que debemos hacer es que nuestros prospectos crean las cosas buenas que les diremos a continuación en nuestra presentación.

Y eso es lo que hacen los profesionales. Ellos crean seguridad, confianza, influencia y afinidad antes de comenzar su presentación.

¿Qué sucede si no creas afinidad antes de comenzar?

Las ideas y los mensajes dentro de tu cabeza nunca van a atravesar todas estas barreras dentro de la cabeza de tu prospecto:

* La alarma de vendedores.

* El filtro "demasiado bueno para ser verdad."

* Experiencias negativas del pasado.

* Desconfianza hacia los desconocidos.

* Programaciones disfuncionales.

* El filtro "¿cuál es el truco?"

* Escepticismo.

Así que no importa que tan fabulosa sea tu oferta, no importa lo sincero que seas, tus prospectos no van a comprar hasta que puedas crear esa afinidad, para que tus prospectos escuchen y crean todas las cosas buenas que dices.

Cuando no creas afinidad primero, escucharás a tus prospectos decir cosas como las siguientes:

–Oh, no tengo dinero.

–Necesito platicarlo con alguien más.

–Necesito pensarlo un poco.

–No me veo haciendo eso.

–No tengo tiempo.

Todas estas afirmaciones simplemente nos dicen que no hubo creencia con respecto a lo que acabamos de decir. No creamos afinidad.

¿Objeciones?

Piensa en todas las objeciones que has recibido por falta de afinidad. Si tu prospecto estuviese en total afinidad contigo, entonces estarían ambos caminando mano a mano hacia la misma visión.

No es necesario aprender a manejar objeciones. En lugar de eso, aprende a generar afinidad para que las objeciones nunca ocurran.

Así que el primer y más importante paso en la comunicación es construir afinidad instantáneamente.

Si no construyes afinidad, sucederá esto.

En mis seminarios "en vivo," me gusta incomodar al grupo. Por supuesto que quiero provocar a todos por igual, pero con algunos grupos es demasiado fácil.

Este es un ejemplo de lo que digo para que la gente se dé cuenta que no necesitan más cosas buenas que decir. En lugar de eso, necesitan aprender las habilidades para que la gente les crea las cosas buenas que ya están diciendo.

Ejemplo 1. A los empresarios de redes de mercadeo con productos para la salud, les pregunto:

–¿Tus prospectos quieren vivir más tiempo, o morir pronto?

Y luego pregunto:

–¿Tus prospectos desean más dinero en su vida, o menos dinero?"

Todos responden: –¡Más dinero!

Continúo:

–Así que tus prospectos desean vivir más tiempo, y les ofreciste una oportunidad de vivir más tiempo usando tus productos... tus prospectos desean más dinero en su vida y les ofreciste una oportunidad de ser distribuidor y tener más dinero... y al final de tu presentación, ¿tus prospectos dicen...?

–¡No!– es la respuesta que resuena en todo el grupo.

Entonces digo:

–Revisemos. Les ofreciste una oportunidad de vivir más tiempo, les ofreciste una oportunidad de tener más dinero, y te dijeron –¡No!– ¿No te parece un poco extraño?

Ahora están pensando: –Sí, eso es extraño. Les ofrecí exactamente lo que quieren.

Así que yo digo ésto:

–Lo que sucedió, es que tomaste prospectos calificados, y gracias a que no creaste afinidad, literalmente ¡los convenciste de no asociarse!

Los asistentes a la conferencia se incomodan.

Y después digo:

–Oh y se pone peor. Dices cosas geniales, pero tus prospectos no te <u>creen</u>. De hecho, hiciste un trabajo tan malo al hacer que te crean las cosas buenas que dices, que tus prospectos casi te dicen esto:

–Preferiría morir pronto y quebrado... ¡que hacer negocios contigo!

Auch, eso es muy directo.

¿Pero no es ésto lo que está sucediendo?

Y luego me muevo a los demás grupos que venden otros productos. Quiero ofender a todos por igual. Así que me dirijo con los empresarios que venden productos para el cuidado de la piel. Les digo:

–¡Preferiría arrugarme pronto y lucir anciano, que hacer negocios contigo!

A los vendedores de copiadoras, los prospectos les dicen:

–Preferiría comprar una copiadora más costosa y que funcione mal, que hacer negocios contigo.

A los vendedores de automóviles, los prospectos les dicen:

–Preferiría olvidarme del carro de mis sueños y comprar un aburrido auto para "nerds," que hacer negocios contigo.

Y así continúo.

Todos hemos experimentado esto. Decimos cosas geniales con los prospectos, ellos no <u>creen</u> las cosas buenas que decimos y no hacen negocio con nosotros.

Así que el primer y más importante paso en la comunicación es el generar afinidad instantáneamente. Por que una vez que tengamos afinidad con nuestro prospecto, nuestro prospecto <u>creerá</u> las cosas buenas que decimos ¡y hará negocio con nosotros de inmediato!

Aquí está cómo construir esa afinidad en los primeros segundos.

Honestidad, integridad, sinceridad y poner primero el interés de tu prospecto ... no funciona.

Ahora, no estoy diciendo que seas deshonesto, pero la honestidad, la integridad, la sinceridad y poner primero el interés de tu prospecto son herramientas <u>equivocadas</u> para conseguir afinidad. No funcionan.

¿Quieres pruebas?

Piensa en la última persona que no creyó lo que decías.

¿Fuiste honesto? Sí.

¿Te mostraste como una persona con integridad? Sí.

¿Fuiste sincero? Sí.

¿Pusiste primero el interés de la otra persona? Sí.

Y... esa persona, ¡no te creyó!

Sí, ahí estabas, lo experimentaste. Y no se logró nada.

Estas cuatro cosas no son las herramientas correctas para construir afinidad. De hecho, no son necesarias. ¿Quieres pruebas?

Piensa en un estafador.

¿Un estafador es honesto? No.

¿Un estafador tiene integridad? No.

¿Un estafador es sincero? No.

¿Un estafador pone primero el interés de la otra persona? No.

Aún así... los estafadores son capaces de conseguir que personas honestas y trabajadoras les entreguen todo su dinero, ¡con total afinidad, en sólo 15 segundos!

Así que, ¿no se te ocurre que los estafadores conocen habilidades especiales para generar afinidad y confianza? ¡Por supuesto!

¿Podemos aprender esas habilidades? ¡Sí!

Y podemos hacer una elección, de usar dichas habilidades para el bien o para el mal.

Así que vamos a aprender cómo podemos hacer llegar nuestras ideas e información, hasta la cabeza de nuestros prospectos de una vez, y vamos a ahorrar a todos mucho tiempo y frustraciones.

Cómo crear afinidad y conexión instantánea con tus prospectos.

Las personas levantan muros de duda y escepticismo ante personas que no piensan del mismo modo que ellos.

La historia corta es que tenemos programas internos en nuestra mente subconsciente que dicen:

–Puedo confiar en personas como yo, que piensen como yo, que vean el mundo desde mi perspectiva.

Aquí está un ejemplo. Vamos a decir que tú eres latinoamericano y vas de viaje a China. Hay un billón de chinos a tu alrededor, y conoces a otro latinoamericano.

¡Conexión instantánea! ¡Afinidad instantánea! ¡Y confianza instantánea!

¿Por qué? Por que esa otra persona es más como tú que el otro billón de chinos.

Tu conversación puede ser algo cómo ésto:

Tú: –Yo soy mexicano. ¿Tú de dónde eres?

La otra persona: –Soy de Perú.

Tú: –¡Somos vecinos!

Está bien, un poco exagerado, pero instantáneamente te sentirás mejor con el otro latinoamericano por que esa persona es más parecida a ti.

Así que tendemos a sentir afinidad con personas que comparten la misma religión, el mismo trasfondo étnico, el mismo partido político, que compren la misma marca de cerveza, que disfruten de hacer las mismas actividades, etc.

¿Y las personas que piensan diferente? Bueno, somos escépticos instantáneamente ante todo lo que digan.

En mi serie de CDs, "Cómo Manipular Y Controlar La Mente De Otros Por Diversión Y Negocio", le muestro a las personas cómo atravesar este escepticismo al utilizar una frase de apertura que ya crea el prospecto.

Cuando le dices a un prospecto algo que ya cree, su mente subconsciente dice:

–Hey, piensas como yo. Eres un genio, tal como yo. Y tienes poderes de ninja de alto nivel para leer la mente. Puedo creer todo lo que digas.

No podrás hacer que un prospecto tenga confianza si dices algo con lo cual tu prospecto está en desacuerdo. Así que aquí están algunos ejemplos de frases de apertura con las cuales un prospecto ya puede estar de acuerdo:

Si vendes productos para la salud:

- Todos queremos vivir más tiempo.

- Envejecer es doloroso.

- Todos quieren estar en forma.

- La artritis es muy dolorosa.

- Todos necesitan más energía.

- La salud no viene en una píldora de antibióticos.

Si vendes casas:

- Todos necesitamos un lugar para vivir.

- Es importante vivir cerca de la escuela de tus hijos.

- Tener casa propia se siente muy bien.

- El dinero de la renta se pierde para siempre.

- Todos quieren un vecindario seguro.

- Una familia necesita un hogar.

- Tener casa propia es como tener dinero en el banco.

- Las personas listas no pagan renta, compran casa.

Si vendes productos para el cuidado de la piel:

- Nuestro rostro es nuestra primera impresión.

- Las personas listas hacen que su piel se vea más joven mientras duermen.

- Las manchas por la edad no tienen que ocurrir.

- Queremos retrasar las arrugas lo más que se pueda.

- La gente odia las arrugas.

- Nunca queremos que nuestro rostro luzca más viejo que nuestra edad.

Si vendes servicios telefónicos:

- Tiene sentido hacer llamadas gratis.

- No queremos pagar el precio más alto en telefonía.

- Los negocios inteligentes ahorran dinero con paquetes de telefonía.

- Todos pagamos cuentas de telefonía celular.

Si vendes una oportunidad de negocio:

- Los empleos interfieren con nuestra semana.

- Dos cheques son mejor que uno.

- Toda madre desea estar en casa con sus bebés.

- Es difícil conseguir un aumento estos días.

- La economía está en el retrete.

- Todos queremos despedir a nuestro jefe.

- Ser nuestro propio jefe nos da libertad.

- Es importante escoger nuestras horas de trabajo.

- Sería genial venderle el despertador al vecino.

- Sería divertido levantarse de la cama a medio día.

- Un fin de semana de cinco días es mejor que uno de dos días.

- No queremos ser asalariados toda la vida.

- Todos necesitamos más tiempo para viajar.

Si vendes electricidad:

- La gente odia pagar demasiado por la electricidad.

- Tiene sentido conseguir descuentos al instante.

- Nadie quiere pagar la cuota más elevada.

- No es negocio pagar la cuota más alta.

- Deja que alguien más pague tu factura de electricidad.

Si vendes productos de dieta:

- No hay tiempo para hacer ejercicio.

- Nadie quiere que la conozcan como "la tía gorda".

- Perder peso es difícil.

- Es fácil tener fuerza de voluntad cuando no tenemos hambre.

- Vamos a convertir nuestro cuerpo en una máquina quema-grasa.

- Las dietas "yo-yo" son temporales.

- Queremos perder peso rápido.

Si vendes servicios financieros:

- Queremos que nuestro dinero trabaje tiempo completo.

- Libre de deudas significa libre de estrés.

- Los seguros son costosos.

- Ahorrar dinero es difícil.

- Todo es tan caro estos días.

- Todos queremos a nuestra familia.

- Los gastos ocupan todo nuestro cheque.

Si vendes viajes:

- Los mejores recuerdos que una familia puede tener son de las vacaciones.

- Todos quieren una oferta para salir de vacaciones.

- Trabajamos muy duro, nos merecemos unas vacaciones.

- Pasar dos semanas en casa de los suegros no son vacaciones de verdad.

- Viajar es costoso, así que queremos reservar con anticipación para conseguir buenos descuentos.

Si vendes automóviles:

- Los coches son costosos.

- Todos amamos el aroma de un coche nuevo.

- Tantas opciones pueden ser confusas.

- Todos queremos conseguir un buen precio.

- A veces la gente nos juzga por el coche que tenemos.

- Nadie de menos de 60 quiere un coche aburrido.

- Comprar coche puede ser estresante.

Con frases de apertura como éstas, tu prospecto pensará: -Sí, tú hablas mi idioma.

Ahora, ¿te diste cuenta lo fácil que es estar de acuerdo con las afirmaciones anteriores?

¿Sentiste tu cabeza en acuerdo y asintiendo?

Ese sentimiento es el que queremos que nuestros prospectos tengan. No tiene sentido alguno si quiera comenzar nuestra presentación a menos que el prospecto esté en total afinidad con nosotros.

==> No queremos decir cosas buenas a prospectos que no nos creen.

==> Queremos decir cosas buenas a prospectos que nos creen.

Y esa es la primera diferencia entre amateurs y profesionales.

¿Qué está sucediendo aquí?

Ritmo.

Déjame explicar.

Si de verdad queremos comunicarnos con un prospecto, debemos de hablar con el prospecto de una manera que nos comprenda. Necesitamos ir a su velocidad. Necesitamos hablar con él desde su punto de vista y creencias.

Quiero que te imagines esta escena:

Tu prospecto está trotando en un camino.

Tú quieres hablar con tu prospecto.

¿Correrías más rápido que tu prospecto? Por supuesto que no. Tu prospecto no podría escuchar lo que dijeras.

¿Correrías más lento, detrás de tu prospecto? Por supuesto que no. Tu prospecto no podría escuchar lo que dijeras.

Vas a tener que trotar al igual que tu prospecto, con su misma velocidad. Así la comunicación será mucho más fácil.

A eso se le llama "ritmo."

En el capítulo anterior, le hablamos a nuestro prospecto utilizando afirmaciones que nuestro prospecto ya cree. Vamos al mismo ritmo que las creencias del prospecto.

Eso le facilitó a nuestro prospecto creer las cosas buenas que le dijimos.

Ahora, ¿qué pasaría si no vamos al mismo ritmo que las creencias de nuestro prospecto? ¿Qué pasaría si comenzáramos con afirmaciones que nuestros prospectos no creyeran?

Bueno, nuestro prospecto tendría "una actitud" hacia nosotros. El prospecto se diría a sí mismo: –No te creo.

Entonces, todas las cosas buenas que le estaríamos diciendo a nuestro prospecto, le estarían rebotando directo en la frente, y cayendo al piso. Nada de lo que digamos va a poder penetrar el escepticismo de nuestro prospecto. Nuestra presentación genial, habrá quedado desperdiciada.

Perdimos nuestro tiempo y el tiempo del prospecto. Qué triste.

¿Quieres algunos ejemplos de cómo no ir al mismo ritmo que las creencias del prospecto?

Ejemplo 1. Quieres vender una oportunidad de negocio a alguien que ha sido empleado toda su vida. ¿Qué es lo que está pensando este prospecto?

Está pensando:

–Hey, tu ya eres un empresario. Claro que te sientes como tal. ¿Pero yo? Yo he sido empleado toda mi vida. Yo veo las cosas diferentes.

Ejemplo 2. Tu complexión es delgada y quieres vender productos de dieta a un prospecto con sobrepeso.

¿Qué es lo que está pensando el prospecto con sobrepeso?

–Hey, claro que es fácil para ti no comer. Tú eres delgado. Pero yo tengo hambre 24 horas al día. No puedo dormir con el estómago vacío. No sabes lo que se siente ser yo.

Ejemplo 3. Vendes bienes raíces.

Tu comprador primerizo está pensando esto:

–Claro que es fácil para ti tomar una decisión rápida para comprar una casa. Lo haces todo el tiempo. Pero yo no he comprado una casa antes. Es una gran decisión. Es mucho dinero. No quiero cometer un error. Necesito más tiempo para pensar esto.

Aquí está otro ejemplo del "ritmo" para ilustrar por qué la afinidad es tan importante.

Existen dos tipos de personas:

1. Los que piensan y hablan rápidamente.

2. Y los que piensan y hablan detenidamente.

Veamos qué es lo que pasa cuando uno habla con el otro:

La persona que habla rápido, de inmediato muestra beneficio tras beneficio y trata de cerrar la venta rápidamente.

La persona que piensa detenidamente está estresada.

Se transmite demasiada información, demasiado rápido, no hay tiempo de digerirla. La persona que habla rápido, no puede ser confiable. La persona que habla rápido puede estar tratando de hacerle un truco. Y no se hace la venta.

¿Qué pasa cuando una persona que habla despacio hace una presentación con un prospecto que piensa rápido?

El prospecto que piensa rápido está estresado. ¡Apresura! ¡Llega al punto! ¡Habla más rápido! Y el prospecto que piensa rápido termina las oraciones que el que habla despacio va diciendo. El prospecto que piensa rápido termina frustrado, siente que el vendedor que habla despacio es un estúpido. Y no se hace la venta.

Yo cuento la historia de nosotros los Tejanos...

Un Tejano va a Nueva York para hablar con un grupo de banqueros inversionistas con trajes de tres piezas. El Tejano lleva sus botas desgastadas, su sombrero vaquero y jeans... y comienza su presentación con una voz lenta: –Por favor, ehm, todos tomen asiento. Ehm, estoy terminando de arreglar esto, ehm, para comenzar, ehm, esta presentación aquí.

¿Crees que los banqueros ya han tomado la decisión final sobre la presentación del Tejano? ¡Sí!

Los banqueros están pensando:

–Ese tonto ranchero lento, estúpido Tejano, sólo nos está haciendo perder nuestro tiempo.

¡No se hará ningún negocio ese día!

¿Y qué tal si uno de esos banqueros inversionistas con todo y su traje de tres piezas va a Texas a hacer una presentación? ¿Cómo se vería eso?

Bueno, nosotros los Tejanos nos pondríamos nuestros zapatos formales para asistir a la reunión, sólo para impresionar al banquero. Después de unas pocas palabras del banquero, estaríamos pensando:

—Ese citadino mañoso, usurero, vende-coches usados no nos va a engañar para que le demos nuestro dinero. ¡Cuélguenlo alto!

Así es, nuestra decisión de no hacer negocio con él fue tomada dentro de los primeros cinco segundos de su presentación.

El ritmo es muy importante.

Sólo puedes hablar con los prospectos si vas a su ritmo, compartes su punto de vista del mundo y hablas desde sus creencias.

Ritmo, con esteroides.

Vamos a hacernos todavía mejores generando afinidad.

Hasta este punto hemos aprendido que podemos construir ese lazo de confianza al decirle a nuestro prospecto una afirmación que ya cree. Ese hecho le dice al prospecto que ambos vemos el mundo desde el mismo punto de vista. Tenemos creencias similares.

¿Qué puede ser mejor que decirle a nuestro prospecto un hecho?

¡Decirle a nuestro prospecto dos hechos!

Dile a tus prospectos dos datos que ya crean, y los vas a poner dentro de un profundo trance hipnótico.

Está bien, quizá no en un profundo trance hipnótico, pero seguramente el prospecto podrá sentirse cómodo y creerá en tu presentación de venta. Y eso es lo que nosotros de verdad queremos, ¿no es así?

Queremos que las ideas y el mensaje dentro de nuestra cabeza, lleguen dentro de la cabeza de nuestro prospecto. Sólo entonces, una vez dentro, el prospecto podrá tomar una decisión si nuestro mensaje sirve a sus necesidades o no.

Si no conseguimos que nuestras ideas y mensaje lleguen al interior de la cabeza de nuestro prospecto, lo que

28

efectivamente estaremos haciendo es retener nuestra información y oportunidad hacia el prospecto. Eso no es justo. Es por eso que debemos trabajar duro para generar afinidad.

Así que compara estas afirmaciones de apertura. Piensa en ellas. Piensa acerca de lo que el prospecto siente cuando comenzamos con:

—Tú tienes un empleo estúpido, yo tengo esta oportunidad grandiosa.

—La gente gorda no tiene disciplina. Tú tienes que seguir nuestro estricto régimen de dieta.

—Las personas fuera de forma son perdedores. Tú necesitas contratarme como tu entrenador personal.

—La gente lista compra rápido. ¿Por qué lo piensas tanto?

Auch.

No estamos en afinidad, ¿o sí? Ésto es feo.

Así que, en vez de eso, iniciaremos un poco más gentiles. Vamos comenzando con dos hechos que sean fáciles de aceptar por parte de nuestro prospecto.

Entonces, el resto de nuestra presentación será recibida mejor y tendremos éxito al hacer llegar nuestras ideas y mensaje dentro de la cabeza de nuestro prospecto.

Aquí hay algunos ejemplos.

Si vendes automóviles:

- Comprar un coche es una gran decisión. Y, no queremos pagar demasiado.

- La gente te juzga por tu coche. No es justo, pero es verdad.

- Un auto nuevo nos hace sentir muy bien. Todos merecemos algo de alegría diaria.

Si vendes productos para dieta:

- Hacer dieta es difícil y no hay tiempo para hacer ejercicio.

- Morir de hambre no sirve de nada. Todos necesitamos alimentarnos.

- Hacer dietas estrictas es imposible. Todos tenemos que ir a eventos sociales de vez en cuando.

- La comida de dieta sabe a cartón. Todos queremos comer comida de verdad.

- Todos necesitamos comida real. Chupar nuestros alimentos con popote es ridículo.

- Todos amamos una buena malteada. ¿Y qué tal si nos ayuda a quemar grasa?

- Siempre estamos ocupados como para hacer dieta. Pero tiene sentido tomar esta píldora mágica una vez al día.

Si vendes viajes:

- Unas vacaciones con los suegros, no es lo que queremos. Queremos vacaciones de cinco estrellas a precio razonable.

- Viajar es costoso. Pero viajar con descuento es mucho más sencillo.

- Todos nos merecemos unas vacaciones. Y eso no significa solamente quedarnos en casa.

- Todos tenemos que trabajar para ganarnos la vida. Pero una carrera como viajero es mucho más divertida.

Si vendes vitaminas:

- Todos queremos vivir más tiempo, y morir pronto no es conveniente.

- Envejecer es inevitable, pero nos podemos sentir tan jóvenes como queramos.

- Comer saludable suena bien, pero es muy, muy difícil en la vida real.

- Los nietos son pequeños demoledores de hogares, por eso necesitamos un poco de energía extra antes de que nos visiten.

- Tener más energía es importante, pero el café nos provoca fuertes alteraciones.

- A todos nos encanta el sabor del café. Y ¿no sería genial si nuestro café nos hiciera más saludables?

31

- Ya sabemos que los alimentos naturales son mejores que los sintéticos. Y queremos que nuestras vitaminas sean naturales también.

- La salud es nuestra posesión más valiosa. Queremos conservarla lo más que podamos.

- Envejecer es doloroso. Todos queremos sentirnos más jóvenes.

Si vendes ropa:

- La gente te juzga por lo que vistes. Todos queremos dar una buena primera impresión.

- Queremos combinar cuidadosamente nuestro guardarropa. Nadie quiere salir a la calle con "look de payaso".

- La ropa tradicional nunca pasa de moda, y nos da un toque de clase.

- A nadie le queda bien un traje barato. Queremos impresionar a las personas cada vez que las vemos.

- La ropa pasada de moda es vergonzosa. Siempre queremos vernos de lo mejor.

Si vendes una oportunidad de negocio:

- La economía está en el retrete. Nadie va a recibir aumento este año.

- Nadie se hace rico con su empleo. Tienes que tener un negocio propio.

¡Cómo Obtener Seguridad, Confianza, Influencia
Y Afinidad Al Instante!

- Los empleos no pagan mucho. Tener un empleo nos garantiza que siempre estaremos quebrados.

- Tener que rogar por un aumento de 2% es humillante. Todos queremos darnos nuestros propios aumentos.

- Los empleos interfieren con nuestra semana. No podemos progresar si estamos trabajando en el sueño del jefe.

- O trabajamos en nuestro sueño o en el de alguien más. ¿No es tiempo de que trabajemos en nuestro sueño?

- No queremos trabajar hasta los 65. A esa edad estaremos muy viejos para disfrutar de nuestro tiempo libre.

- Claro que nos vamos a jubilar cuando tengamos 65. Pero vamos a recibir el 40% de lo que el día de hoy no nos alcanza.

- Queremos tener nuestro propio negocio. De lo contrario estamos sentenciados a una vida de trabajo duro.

Si vendes productos para el cuidado de la piel y cosméticos:

- Tu rostro es tu primera impresión. Queremos causar una buena imagen a la gente con nuestra apariencia.

- Envejecer es normal, y todos queremos una piel sin arrugas tanto como sea posible.

- Cuidar de nuestra piel es importante, y nunca queremos que nuestro rostro aparente más edad de la que tenemos.

33

- Este clima reseca mucho la piel, queremos protegernos de las arrugas.

- Las cremas para noche son muy costosas, todos queremos comprar una que de verdad funcione.

- Es necesario usar delineador a prueba de agua. Nadie quiere parecer vampiro cuando llueve.

Simplemente escoge dos datos que tú y tu prospecto crean y todo cambiará. Instantáneamente has construido afinidad. Ahora tienes una avenida de comunicación para entregar tus buenas ideas e información.

Vamos a mejorar al construir afinidad.

Sonríe.

Algunas personas tienen sonrisas naturales que desarman a los prospectos y los hacen sentir cómodos.

Y algunas personas necesitan algo de práctica. No han sonreído en años, y se les nota.

Pero, ¿por qué sonreír?

La resistencia a las ventas viene de un programa humano llamado "Supervivencia." Todos nacemos con este programa.

El programa de "Supervivencia" nos alerta de sonidos fuertes o la posibilidad de caer de un borde. Este programa está en todos desde el nacimiento.

¿Cómo es que los bebés saben si alguien es confiable o una amenaza?

Instintivamente buscan una sonrisa.

Cuando le sonreímos a los bebés, ellos se relajan y nos sonríen de vuelta. Somos "confiables" y remueven su resistencia a los extraños.

Piensa en ello.

Una simple sonrisa es una de nuestras herramientas más poderosas de comunicación y afinidad. No cuesta nada. Pero si no has sonreído en años, puede que necesites algo de práctica.

Míralo de ésta manera, la mente humana tiene un programa que dice: –Si alguien te sonríe, es confiable.

¡Que programa tan tonto!

Pero ahí está. Y funciona.

Si quieres hacer llegar tus ideas y mensaje dentro de la mente de tu prospecto, sonreír es una gran herramienta.

Ahora, no estoy diciendo que una sonrisa siempre va a crear seguridad, confianza, influencia y afinidad al instante... pero sí estoy diciendo que si frunces el ceño, estás muerto.

Si quieres ser sombrío y serio a morir en tu entrega, mejor ahórrate a ti y a tu prospecto algo de tiempo. Mejor vete a casa. Sonreír es la mejor manera.

Pero no tomes mi palabra en esto. Pruébalo.

Intenta esto:

Haz un esfuerzo consciente de sonreír con totales desconocidos. Toma una nota mental de cuántos extraños te regresan la sonrisa. Estoy seguro de que habrá un alto porcentaje de extraños sonrientes en tu vida.

Ahora pregúntate a ti mismo: ¿Es más fácil tener afinidad con alguien que está sonriendo conmigo?

Practica tu sonrisa. Funciona.

¡Oh no! ¡Esto es tan bueno que podría ser ilegal!

¿Recuerdas nuestro objetivo?

Hacer que nuestro mensaje e información llegue al interior de la cabeza de nuestro prospecto, y hacer que el prospecto crea lo que decimos.

Entonces, una vez que nuestro mensaje está dentro de la cabeza del prospecto, éste puede hacer una decisión si es que nuestro mensaje e información le sirven o no. Es todo.

Así que hagámoslo rápido y eficientemente, para ahorrarle tiempo a todos. ¿Cómo?

1. Diciendo a nuestro prospecto un hecho que ya cree.

2. Diciendo a nuestro prospecto otro hecho que ya cree.

3. Sonríe.

Casi mortífero, muy, muy efectivo. Veamos cómo funciona.

- El invierno reseca nuestra piel. Y todos queremos una piel suave. <sonrisa>

- Comprar nuestra primera casa nos puede dar miedo, pero también es muy divertido. <sonrisa>

- Comprar coche puede ser estresante, pero conducir a casa con un coche nuevo es el mejor sentimiento del mundo. <sonrisa>

- Las dietas son miserables. Nuestro cuerpo fue hecho para comer comida de verdad. <sonrisa>

- Los gastos se comen todo nuestro ingreso. Es muy difícil ahorrar dinero. <sonrisa>

- Pagar impuestos significa menos dinero para nosotros. Es mejor usar ese dinero para jubilarnos antes. <sonrisa>

Como puedes ver, construir afinidad sólo toma unos segundos. No tenemos que usar horas de pláticas mundanas y construcción de relaciones.

Hoy en día, la gente tiene períodos de atención cortos. Valoran su tiempo. Así que nuestros prospectos toman decisiones instantáneas para cuidar su tiempo.

El siglo pasado ya terminó. Las viejas técnicas de ventas de los 60's no funcionan muy bien en el ambiente actual. Por ejemplo, ¿has escuchado de la fórmula "FORM" para construir afinidad?

"F" es por familia. Se supone que hablemos con nuestro prospecto sobre su familia durante un rato, hasta que diga: –Hey, ¿por qué me estás haciendo todas estas preguntas sobre mi familia?

Después, se supone que lleguemos a la "O" y hablemos de su ocupación por otro rato.

"R" es por recreación. Preguntar al prospecto un cuestionario interminable sobre sus pasatiempos e intereses.

"M" es por... bueno, realmente no importa. Perdimos a nuestro prospecto al cruzar la marca de los primeros diez segundos.

Está bien, puede que esté exagerando un poco, pero necesitamos olvidarnos de teorías anticuadas sobre la afinidad. La afinidad queda decidida casi de inmediato por la mente subconsciente del prospecto.

Eso significa que no tenemos mucho tiempo y, realmente, ¿cuántas preguntas sobre su familia le puedes hacer a tu prospecto en diez segundos?

Los profesionales saben que los prospectos hacen su decisión de creer y confiar en nosotros en segundos. Necesitamos manejar ese tiempo inteligentemente con técnicas efectivas para construir afinidad.

Usar palabras y frases mágicas para construir afinidad.

Sí, algunas palabras activan programas muy arraigados en nuestras mentes. Estos programas nos dominan para tomar decisiones instantáneas. Y éstas decisiones ocurren antes de que la presentación comience.

Aquí tienes un ejemplo.

Digamos que hay dos partidos políticos. Vamos a llamarlos "Demócratas" y "Republicanos."

Si tú eres miembro del partido Demócrata, y el líder del partido habla, tu comienzas a asentir con la cabeza, estás de acuerdo. Hay afinidad. El líder y tú ven el mundo desde el mismo punto de vista. Tú tomas la decisión de creer en lo que el líder diga incluso antes de que lo diga.

Pero si el líder del partido Republicano habla, desde el momento en que mueve sus labios, te comportas escéptico. Ese líder no ve el mundo desde el mismo punto de vista que el tuyo. No hay afinidad. No hay seguridad. No hay creencia.

Es así de rápido.

Por ejemplo, si yo sólo digo la palabra "Demócrata"... instantáneamente tienes un sentimiento dentro de tu cabeza.

40

Tus programaciones internas obligan a que tengas ese sentimiento.

Ahora, no es el único programa que tienes en tu cabeza. Tienes millones de programaciones automáticas. Así es como podemos funcionar. No necesitamos razonar todo lo que hacemos. Tenemos programaciones automáticas que hacen eso por nosotros.

Algunos ejemplos.

Si vas caminando por la calle y alguien te sonríe, tu automáticamente le regresas la sonrisa.

Si estamos de compras y un vendedor nos sorprende por detrás diciendo: –¿Le puedo ayudar en algo?... nosotros respondemos automáticamente: –No, gracias. Sólo estoy mirando.

Si entramos en un ascensor y hay un desconocido ahí dentro, nosotros automáticamente nos paramos lo más alejado posible, pero de frente al extraño.

Si alguien nos pregunta: –¿Cómo estás?– sin pensarlo, en automático respondemos: –Sobreviviendo.– o, –¡De maravilla!– dependiendo de nuestros programas internos.

Así que tiene sentido que ciertas palabras y frases activarán programaciones automáticas dentro de la cabeza de nuestro prospecto.

Debemos usar estas palabras y frases para facilitar la construcción de afinidad y entregar nuestro mensaje e información.

¿Listo para aprender algunas palabras y frases?

La supervivencia es buena.

Uno de los programas más grandes en nuestra mente es el de supervivencia. Muchas de nuestras decisiones están basadas en la supervivencia.

Aquí hay algunas malas noticias.

El programa de supervivencia hace que los prospectos sean escépticos. Tienen miedo de ser engañados y perder dinero o tiempo. El escepticismo es una forma de auto-protección.

Si tu prospecto es escéptico y no confía en ti y no te cree, ¿qué piensas que va a suceder? Nada. Ahora, ese es un problema.

Así que vamos a usar la programación de supervivencia del prospecto para ayudarnos a entregar nuestro mensaje e información en total afinidad. ¿Cómo? Con palabras mágicas, por supuesto.

Ahora, la mayoría de las personas quisieran saber cuáles son éstas palabras mágicas. Y la mayoría de las personas las usarían una y otra vez si las conocieran. Ya que éstas palabras mágicas le ayudarían a la mayoría de personas a convertirse en buenos comunicadores.

Así que si tú eres como la mayoría de las personas. No puedes esperar para aprender dichas palabras. Bien, aquí están:

"La mayoría de las personas."

¿Extraño? No realmente. Todo tiene sentido cuando entiendes lo que hacemos para sobrevivir.

Una de nuestras maneras para sobrevivir es permanecer dentro del grupo. No queremos ser un solitario por nuestra cuenta. Queremos caminar en un callejón obscuro con más personas, no solos. La supervivencia es importante.

Si descubres un nuevo arbusto y éste arbusto tiene frutos, ¿quieres ser el primero en comer esos frutos? No lo creo. Tu decisión instantánea está basada en la supervivencia. Quieres que muchas otras personas hayan comido esos frutos antes que tú.

Es más seguro estar con un grupo. Y usar a otras personas para hacer pruebas primero nos ayuda a sobrevivir. Sí, hay seguridad en los números.

Así que cuando dices: –La mayoría de las personas...– con un prospecto, en su mente, está pensando esto:

–¿Soy parte de la mayoría de las personas, o soy parte de la minoría? Bueno, prefiero ser parte de la mayoría por que es más seguro. No quiero arriesgarme. ¿Qué tal si decido ser parte de la minoría y no funciona? Oh, no, todos se van a burlar de mí por haber cometido un error. Sí, creo que haré lo que está haciendo la mayoría de las personas.

Vaya.

Y así como lo ves, nosotros los humanos decidimos hacer lo que hace, la mayoría de la gente.

¿Piensas que funciona? Bueno, veamos si esto te suena a "la mayoría de las personas". Una marca famosa de productos de higiene bucal simplemente dice:

"4 de cada 5 dentistas recomiendan..."

Y de inmediato pensamos que esos productos son muy buenos.

Rápido, ¿no es así? Y todo ésto fue antes de los datos y la presentación.

Hacemos decisiones todos los días basados en "la mayoría de las personas." Por ejemplo, ¿qué es lo que piensas cuando ves dos restaurantes lado a lado? Un restaurante está vacío, el otro tiene comensales. Sí, fue una decisión muy rápida, ¿no es así?

Así que veamos algunos ejemplos de "la mayoría de las personas" en nuestras afirmaciones de apertura para nuestros prospectos.

Si vendemos una oportunidad de negocio:

- La mayoría de la gente odia su empleo.

- La mayoría de la gente necesita más dinero.

- A la mayoría de la gente le gustaría ser su propio jefe.

- La mayoría de la gente quiere ser rica.

- A la mayoría de la gente le gustaría trabajar tres semanas por mes, pero ganar dinero por las cuatro.

- La mayoría de la gente quiere más tiempo con sus hijos.

- La mayoría de las madres odian almacenar a sus hijos en la guardería.

- La mayoría de los empleos no pagan lo suficiente.

- La mayoría de la gente comienza con este paquete.

- La mayoría de la gente quiere pagar menos impuestos.

- La mayoría de los distribuidores consiguen de inmediato su boleto para la convención.

Si vendes automóviles:

- La mayoría de la gente quiere el mejor trato.

- La mayoría de la gente odia las mañas que usan los vendedores.

- La mayoría de la gente quiere disfrutar de la experiencia de comprar un auto nuevo.

- La mayoría de la gente solicita la garantía extendida.

- La mayoría de la gente quiere que su auto económico luzca como un auto de lujo.

- La mayoría de la gente puede ahorrar dinero rentando.

- La mayoría de la gente no tiene tiempo de pasar horas en varias agencias.

Si vendes viajes:

- La mayoría de la gente merece unas vacaciones.

- La mayoría de la gente no quiere quedarse con los suegros cuando salen de vacaciones.

- La mayoría de la gente prefiere pagar con descuentos que con recargos.

- La mayoría de las familias aman lo económico de un viaje en crucero.

- La mayoría de la gente puede conseguir un ahorro en un paquete de vacaciones.

- La mayoría de la gente desea ver el mundo en persona y no en foto.

Si vendes productos para el cuidado de la piel:

- La mayoría de las mujeres quieren mantenerse sin arrugas por otros 20 años.

- La mayoría de la gente quiere mantener su piel joven por más tiempo.

- La mayoría de la gente odia las manchas de la edad.

- La mayoría de la gente quiere que su crema humectante contenga bloqueador solar.

- La mayoría de las mujeres se quieren ver más jóvenes.

- La mayoría de los adolescentes odian el acné.

- La mayoría de las mujeres quieren que su maquillaje realce sus atributos.

Si vendes productos de dieta:

- La mayoría de la gente no tiene tiempo para hacer ejercicio.

- La mayoría de la gente está muy ocupada para hacer dietas.

- La mayoría de la gente que hace dietas odia sentirse con hambre.

- La mayoría de la gente sabe que hacer ejercicio es muy duro.

- La mayoría de la gente desearía perder peso de una vez y no recuperarlo nunca.

- La mayoría de las dietas no funcionan.

- La mayoría de la gente que hace dietas, necesita algo que sea fácil.

- La mayoría de la gente que hace dietas sabe que el ejercicio te cansa.

- La mayoría de la gente que hace dietas no quiere chupar sus alimentos con popote.

- La mayoría de la gente que hace dietas quiere perder peso rápidamente.

- La mayoría de la gente está encantada con estas botanas.

Si vendes seguros o productos financieros:

- La mayoría de las familias necesitan un seguro.

- La mayoría de los seguros son muy costosos.

- La mayoría de la gente no tiene dinero de sobra para invertir.

- La mayoría de la gente quiere que su dinero trabaje duro para ellos.

- La mayoría de la gente odia las inversiones riesgosas.

- La mayoría de la gente quisiera que sus ahorros pagaran su seguro.

- La mayoría de las familias no tienen tiempo de convertirse en inversionistas expertos.

- La mayoría de los planes de retiro de las empresas no son suficientes.

- La mayoría de la gente quiere que un consejero financiero los ayude con sus finanzas.

- La mayoría de la gente necesita un seguro, pero no puede pagarlo.

- La mayoría de la gente quiere protegerse de las emergencias.

Y hay más:

- La mayoría de la gente quiere un recibo eléctrico más bajo.

48

- La mayoría de los maestros quiere un mejor salario.

- La mayoría de los empleados quiere más tiempo para la familia.

- La mayoría de las mamás quieren que sus hijos estén sanos.

- La mayoría de las mujeres quiere una cocina moderna.

- La mayoría de la gente gasta un tercio de su vida en la cama.

- La mayoría de los hombres no quiere pasar el fin de semana haciendo trabajos de jardinería.

- La mayoría de los vendedores quieren aprender a cerrar mejor.

- La mayoría de la gente que hace dietas quiere comer una pizza.

Muy fácil, ¿no es así?

¿Lo sentiste? ¿Sentiste cómo podías hacer una decisión instantánea después de cada una de éstas frases?

Y así de rápido es que tus prospectos toman la decisión cuando utilizas "La mayoría de la gente" para hablar directamente a su programación de supervivencia.

Todo el mundo sabe y todo el mundo dice.

"La mayoría de las personas" no son las únicas palabras que hacen que la gente esté de acuerdo con nosotros. "Todo el mundo sabe" y "Todo el mundo dice" funcionan bien, también.

Nuestro objetivo es hacer que las personas <u>crean</u> las cosas buenas que decimos.

Ahora, hay dos maneras de hacer que la gente crea lo que decimos:

1. Intimidarlos hasta la sumisión con una hora de datos, reportes, gráficas, pruebas, testimonios y otras tonterías sin sentido. Y sí, al terminar de una hora, nuestro prospecto probablemente dirá: –Me rindo. Está bien, te creo.

2. Simplemente ordenar al cerebro subconsciente del prospecto de creer instantáneamente lo que digas con sólo dos palabras. Sin llegar a discusiones o pedir pruebas.

Hmm, el método 2 suena mucho más fácil para ambos, tú y tu prospecto. Así que usemos palabras y frases mágicas que simplemente ordenan al nuestro prospecto que acepte lo que sea que digamos como verdadero, sin necesidad de pruebas.

Ahora, la mayoría de las personas leyendo ésto quisieran saber este tipo de frases, y todo el mundo sabe que si supiéramos estas frases, las usaríamos una y otra vez. Y, todo el mundo dice que debemos de aprender estas frases rápido, para que podamos ganar más dinero...

Bueno, es muy obvio, ¿no es así?

"Todo el mundo sabe" y "Todo el mundo dice", hacen que las personas acepten instantáneamente lo que les decimos.

Esto es lo que pasa dentro de la mente de nuestro interlocutor. Cuando dices estas frases mágicas, la mente subconsciente ejecuta la siguiente programación:

−Todo el mundo sabe... hmmm, ¿soy parte de todo el mundo... o soy parte de nadie? Nadie es parte de nadie, así que debo ser parte de todo el mundo. Y si todo el mundo lo sabe, entonces eso significa que yo lo sé, y si yo lo sé, bueno, ¡entonces, es verdad!

¡Todo el mundo sabe!

¿De verdad? ¿Así es como trabaja nuestra mente?

Sí.

Es vergonzoso. Pero es verdad.

Mientras lo que digamos sea razonable, el prospecto instantáneamente aceptará lo que digamos como verdad, sin necesidad de pruebas.

Y lo mismo aplica para "Todo el mundo dice". Este es el programa que nuestra mente ejecuta cuando alguien dice, "Todo el mundo dice":

—Todo el mundo dice... hmmm, ¿soy parte de todo el mundo... o soy parte de nadie? Nadie es parte de nadie, así que debo ser parte de todo el mundo. Y si todo el mundo lo dice, entonces eso significa que yo lo digo, y si yo lo digo, bueno, ¡entonces, es verdad por que yo no soy mentiroso!

¡Todo el mundo dice!

En sólo un segundo, tomamos una decisión de lo que se ha dicho.

Así que hagamos un ejemplo:

—Todo el mundo sabe que la economía está en el retrete.

Alto. Echemos un vistazo a esta afirmación.

El prospecto instantáneamente acepta esta afirmación como totalmente cierta. No se requieren pruebas. No verás a tu prospecto cuestionando esta afirmación preguntando:

—¿Estás seguro? ¿Alguien hizo la encuesta? ¿Qué tan profundo dentro del retrete? ¿Alguien puede meter la mano para medir?

¿Ves que fácil fue eso?

No se requieren más evidencias.

Estás ahorrando tiempo, el prospecto está ahorrando tiempo, tu estás haciendo llegar tu mensaje dentro del cerebro del prospecto, y tu prospecto te está creyendo.

Hagamos algunos ejemplos más:

Si vendemos membresías para clubes deportivos:

- Todo el mundo dice que éste club es la mejor parte de su vida social.

- Todo el mundo sabe que mirando televisión no crecen los músculos.

- Todo el mundo dice que nos vemos más jóvenes cuando estamos en forma.

- Todo el mundo dice que nuestros instructores de aerobics son lo mejor.

- Todo el mundo sabe que si no cuidamos de nuestro cuerpo, entonces, ¿dónde vamos a vivir?

- Todo el mundo sabe que un entrenador personal te ahorra tiempo.

- Todo el mundo sabe que el entrenamiento de resistencia es la mejor opción.

- Todo el mundo dice que nuestro plan de mensualidades es lo más conveniente.

- Todo el mundo sabe que con un programa de supervisión, no podemos lesionarnos.

- Todo el mundo dice que la parte más difícil de ponerse en forma es llenar éste formato.

Si vendemos seguros:

- Todo el mundo sabe que la vida es invaluable.

- Todo el mundo dice que las familias jóvenes necesitan un seguro.

- Todo el mundo sabe que un buen seguro es una necesidad para familias jóvenes.

- Todo el mundo dice que algún día nos vamos a morir.

- Todo el mundo sabe que es imposible ahorrar dinero cuando estamos comenzando nuestras familias.

- Todo el mundo dice que los seguros son muy complicados.

- Todo el mundo sabe que no queremos gastar mucho en un seguro.

Si vendemos vitaminas:

- Todo el mundo sabe que nuestro cuerpo viene con garantía de por vida.

- Todo el mundo dice que si no cuidamos nuestro cuerpo, entonces, ¿dónde vamos a vivir?

- Todo el mundo sabe que nuestros alimentos ya no son tan nutritivos.

- Todo el mundo dice que es difícil conseguir alimentos frescos y orgánicos todos los días.

- Todo el mundo sabe que necesitamos más vitamina D.

- Todo el mundo dice que quiere vivir más tiempo.

- Todo el mundo sabe que morir joven no es conveniente.

- Todo el mundo dice que no tiene tiempo de cocinar saludable.

- Toda mamá sabe que los niños están expuestos a toda clase de gérmenes y virus en la escuela.

- Toda madre dice que quiere proteger a sus hijos de otros niños enfermos en la escuela.

- Toda abuela sabe que sus nietos comen mucha comida empaquetada.

- Toda abuela dice que se quiere sentir como de 16 años, pero con mejor juicio.

Si vedemos automóviles:

- Todo el mundo dice que los Toyota son más seguros.

- Todo el mundo sabe que un BMW es divertido de manejar.

- Todo el mundo dice que adora lo económico de los Nissan.

- Todo soltero sabe que un convertible te va a ayudar a tener más citas.

- Todo joven sabe que un coche nuevo es el mejor anuncio para conseguir citas.

- Toda mujer sabe que éstas minivans son perfectas para llevar a los niños al entrenamiento.

- Toda mujer sabe que lo peor es que el coche se descomponga a media avenida.

- Todo contador sabe que un Honda es la opción más económica.

- Todo ingeniero sabe que este modelo tiene la mejor ingeniería.

- Todo el mundo sabe que las garantías extendidas son de gran valor.

- Todo el mundo dice que sólo una reparación cubre el costo de la garantía extendida.

Si vendemos una oportunidad de negocio:

- Todo el mundo sabe que ser empleado no te hace rico.

- Todo el mundo dice que conservar su empleo los mantiene quebrados.

- Todo el mundo sabe que los dueños de negocio ganan más dinero.

- Todo el mundo dice que está cansado de que otra gente les diga qué hacer.

- Todo el mundo sabe que si trabajamos muy duro, entonces nuestro jefe va a tener una gran residencia para su retiro.

- Todo el mundo dice que se quiere jubilar joven.

- Todo el mundo sabe que los empleos interfieren con nuestra semana.

- Todo el mundo dice que quiere despedir a su jefe.

- Todo el mundo sabe que dos cheques son mejores que uno.

- Todo el mundo dice que no habrá aumentos este año.

- Todo el mundo sabe que no nos pagan lo suficiente.

- Todo el mundo dice que sería genial ser rico.

- Todo el mundo sabe que si no hacemos algo diferente, vamos a tener 85 años y seguiremos trabajando aquí, con la misma cafetera sucia.

- Todo el mundo dice que si no hacemos algo diferente hoy, entonces mañana se verá igual que hoy.

"Todo el mudo dice" y "Todo el mundo sabe" son dos caballos de trabajo que puedes usar para que tu prospecto crea en tu mensaje rápidamente.

Y esto, es enorme.

Éstas frases tienden a atravesar los programas de resistencia de tu prospecto, tales como:

- Escepticismo.

- Experiencias negativas.

- Demasiado bueno para ser verdad.

- ¿Dónde está el truco?

Ahora, es fácil para ti comunicarte y hacer que tus prospectos crean las cosas buenas que les dices.

"Bien, tú sabes cómo..."

Sí. "Bien, tú sabes cómo" es otra frase mágica que nos ayuda a que nuestro prospecto nos crea.

Simplemente coloca "Bien, tú sabes cómo" delante de tus datos, y la mayoría de tus prospectos automáticamente ejecutará éste pequeño programa en su mente subconsciente:

–Bien, tú sabes cómo... Oh, si ya sé cómo, entonces debe de ser verdad, por que lo que yo sé, es verdad.

Ahora, eso suena tonto, pero así es cómo pensamos.

Me encanta hacer éste pequeño experimento en mis seminarios "en vivo". Le pido a los participantes que simplemente digan éstas cuatro palabras, "Bien, tú sabes cómo" a la persona que tienen sentada al lado de ellos.

Luego les pregunto: –¿Te diste cuenta cómo la persona a tu lado comenzó a asentir con la cabeza, sólo con decir estas cuatro palabras?

Es asombroso y real. Cuando decimos "Bien, tú sabes cómo", nuestro prospecto comienza inmediatamente a asentir en acuerdo con nosotros, ¡**antes** de que le digamos otra cosa!

Y se pone mejor. La mayoría de las personas tiende a sonreír mientras dices éstas palabras.

Así que considera esto. En lugar de hablar con un prospecto escéptico, ¿por qué no mejor decir primero "Bien, tú sabes cómo" y después ver a nuestro prospecto acercarse, sonreír y comenzar a asentir en acuerdo total con lo que diremos a continuación?

Pero...

La mayoría de las personas leyendo ésto, quisieran tener algunos ejemplos, por qué todo el mundo sabe que los ejemplos son la mejor manera de aprender. Y todo el mundo dice que sólo unos pocos ejemplos son suficientes para hacer que pensemos creativamente.

Está bien, si no lo notaste, vuelve a leer el párrafo anterior.

Esa estuvo fácil, ¿no es así?

Si vendes bebidas energéticas:

- Bien, tú sabes cómo nos llega el cansancio alrededor de las 2pm.

- Bien, tú sabes cómo necesitamos algo de energía antes de hacer el corte de impuestos.

- Bien, tú sabes cómo queremos tener energía sin el desgaste unas horas después.

- Bien, tú sabes cómo la mayoría de bebidas energéticas está llena de calorías huecas.

- Bien, tú sabes cómo la mayoría de bebidas energéticas tiene un sabor horrible.

- Bien, tú sabes cómo necesitamos energía extra cuando los nietos vienen de visita.

- Bien, tú sabes cómo pudiésemos divertirnos mucho si no estuviésemos tan cansados todo el tiempo.

- Bien, tú sabes cómo más energía nos puede hacer sentir mejor.

- Bien, tú sabes cómo queremos más energía cuando hacemos ejercicio.

Si vendemos computadoras:

- Bien, tú sabes cómo los virus son un gran problema.

- Bien, tú sabes cómo éste modelo es fácil de usar.

- Bien, tú sabes cómo la mayoría de las personas quieren una computadora que dure mucho tiempo.

- Bien, tú sabes cómo queremos que nuestro equipo sea compatible con el sistema Office.

- Bien, tú sabes cómo una memoria extra casi duplica tu velocidad.

- Bien, tú sabes cómo un paquete de servicio de tres años te libera de mucho estrés.

Si vendemos antioxidantes para la salud:

- Bien, tú sabes cómo todos queremos un sistema inmunológico infalible para que nada nos derribe.

- Bien, tú sabes cómo queremos que nuestro cuerpo no se vaya oxidando.

- Bien, tú sabes cómo queremos proteger a nuestros niños de los gérmenes en la escuela.

- Bien, tú sabes cómo es mejor tomar antioxidantes ahora que tomar medicinas después.

- Bien, tú sabes cómo sólo tenemos un cuerpo, así que queremos cuidarlo para que nos dure mucho tiempo.

- Bien, tú sabes cómo nuestro ingrediente especial puede protegerte contra los resfriados.

- Bien, tú sabes cómo es odioso estar enfermo.

- Bien, tú sabes cómo una buena nutrición nos hace sentir mejor.

- Bien, tú sabes cómo tenemos que comer algo bueno, para contrarrestar todo ese consumo de pizza.

- Bien, tú sabes cómo morir pronto no es conveniente.

- Bien, tú sabes cómo queremos vivir lo suficiente para ir a la boda de nuestros nietos.

Si vendemos video email:

- Bien, tú sabes cómo es difícil escribir mensajes.

- Bien, tú sabes cómo odiamos escribir por todos esos errores de ortografía.

- Bien, tú sabes cómo no hay tiempo para escribir mensajes.

- Bien, tú sabes cómo una imagen vale más que mil palabras.

- Bien, tú sabes cómo un correo escrito se puede malinterpretar.

- Bien, tú sabes cómo nos conectamos mejor cuando vemos a la otra persona hablando.

- Bien, tú sabes cómo las personas prefieren ver videos que leer.

Si vendemos productos orgánicos para limpieza:

- Bien, tú sabes cómo queremos cuidar a la Madre Tierra.

- Bien, tú sabes cómo los niños pequeños llegan a todas las estanterías.

- Bien, tú sabes cómo no queremos venenos en casa.

- Bien, tú sabes cómo todos queremos proteger el medio ambiente.

- Bien, tú sabes cómo los limpiadores orgánicos no son tóxicos.

- Bien, tú sabes cómo todos queremos un hogar seguro.

Si vendemos cosméticos:

- Bien, tú sabes cómo la gente te juzga por tu rostro.

- Bien, tú sabes cómo no queremos que nuestro rostro luzca más viejo de lo que somos.

- Bien, tú sabes cómo algunas personas parecen que se graduaron de la escuela de maquillaje para payasos.

- Bien, tú sabes cómo la mayoría de los sombreados son excesivos.

- Bien, tú sabes cómo la mayoría de los hombres tienen miedo del maquillaje.

- Bien, tú sabes cómo un buen maquillaje puede ser costoso.

- Bien, tú sabes cómo queremos vernos profesionales.

- Bien, tú sabes cómo queremos que nuestro maquillaje resista todo el día.

- Bien, tú sabes cómo la mayoría de los maquillajes se sienten pesados.

- Bien, tú sabes cómo un buen maquillaje ayuda a esconder imperfecciones.

Si vendemos bienes raíces:

- Bien, tú sabes cómo todos necesitamos un lugar donde vivir.

- Bien, tú sabes cómo necesitamos un hogar.

- Bien, tú sabes cómo pagar renta es como tirar dinero cada mes.

- Bien, tú sabes cómo pagar renta es hacer rico a alguien más.

- Bien, tú sabes cómo queremos la libertad de ser dueños de nuestra propia casa.

- Bien, tú sabes cómo la gente que compró hace 20 años ahora tiene un gran valor en su casa.

- Bien, tú sabes cómo es más barato pagar tu propia casa que pagar una renta.

- Bien, tú sabes cómo todo el mundo quiere un lugar que pueda llamar "propio".

- Bien, tú sabes cómo queremos vivir cerca de la escuela de los niños.

- Bien, tú sabes cómo vivir cerca de la estación del tren te puede facilitar la vida.

- Bien, tú sabes cómo comprar casa propia es como poner dinero en el banco.

- Bien, tú sabes cómo los precios de las casas suben cada año.

- Bien, tú sabes cómo la gente que renta siempre se arrepiente de tirar su dinero.

- Bien, tú sabes cómo este vecindario es muy seguro para los niños.

- Bien, tú sabes cómo ésta escuela es la mejor del estado.

- Bien, tú sabes cómo algunas personas esperan demasiado y terminan perdiendo las buenas oportunidades.

Si vendemos una oportunidad de negocio:

- Bien, tú sabes cómo un fin de semana de cinco días es mejor que uno de dos.

- Bien, tú sabes cómo sería genial trabajar desde casa.

- Bien, tú sabes cómo el tráfico nos quita mucho tiempo.

- Bien, tú sabes cómo nunca seremos ricos trabajando en un empleo.

- Bien, tú sabes cómo nos gustaría vender nuestro despertador al vecino.

- Bien, tú sabes cómo a todos nos gustaría ganar más dinero.

- Bien, tú sabes cómo la gente inteligente busca tener un segundo ingreso.

- Bien, tú sabes cómo nos gustaría definir nuestro horario de trabajo.

- Bien, tú sabes cómo queremos pasar por los niños a la escuela.

- Bien, tú sabes cómo sería genial no tener que ir a trabajar nunca más.

- Bien, tú sabes cómo a todos nos gustaría ser nuestro propio jefe.

Sí, "Bien, tú sabes cómo" nos facilita lograr que nuestras ideas lleguen al interior de la cabeza de nuestro prospecto. Y es rápido.

Piensa en ello de esta manera. Bien, tú sabes cómo no queremos desperdiciar tiempo hablando con prospectos que no nos creen.

Bueno, eso estuvo fácil, ¿no es así?

"Hay un viejo dicho..."

Sí, hay muchos viejos dichos. Por ejemplo:

Hay un viejo dicho, no creas en lo que la gente dice, sólo cree en lo que hace.

Hay un viejo dicho, la práctica hace al maestro.

Hay un viejo dicho que dice, nunca pongas la lengua en un tubo congelado.

Hay un viejo dicho que dice, más vale tarde que nunca.

Hay un viejo dicho, cuando llueve, graniza.

Hey, ¿qué está pasando aquí?

Bueno, cuando decimos las palabras, "Hay un viejo dicho..." dentro de la mente subconsciente de nuestro prospecto, el siguiente programa se activa:

–Si alguien, en cualquier lugar, en cualquier momento, dice: –Hay un viejo dicho...– entonces debe de ser verdad, por que es ¡un viejo dicho!

¿Raro?

Sí, pero así es como nuestra mente subconsciente toma decisiones rápidas.

Nuestra mente tiene mejores cosas que hacer que cuestionar y pensar sobre cada hecho. Así que nuestra mente crea algunos atajos para facilitar los pensamientos sobre todo lo demás.

Uno de los atajos es, si alguien dice: –Hay un viejo dicho...– la mente lo aceptará automáticamente como verdad, así la mente puede continuar con cosas más importantes.

Y bueno, tú sabes cómo los ejemplos simplifican las cosas.

Si vendes productos para el cuidado de la piel:

- Hay un viejo dicho que dice, nunca queremos que nuestro rostro se vea más viejo que nuestra edad.

- Hay un viejo dicho, el invierno deshidrata la piel.

- Hay un viejo dicho que dice, la mujer inteligente rejuvenece su piel en las horas de sueño.

- Hay un viejo dicho, las arrugas te aportan carácter, y nada más.

- Hay un viejo dicho, la limpieza es el paso más importante.

- Hay un viejo dicho, las arrugas son de las pasas, no de nosotros.

Si vendes ropa:

- Hay un viejo dicho que dice que la ropa hace al hombre.

- Hay un viejo dicho, sólo hay una oportunidad para hacer la primera buena impresión.

- Hay un viejo dicho, si es lana 100%, no hay fallas.

- Hay un viejo dicho, la ropa de calidad, nos da buena imagen.

- Hay un viejo dicho, no quieres parecer como que compraste tu ropa en una tienda de segunda.

- Hay un viejo dicho que dice que los chalecos nunca se verán fuera de lugar.

- Hay un viejo dicho, el negro combina con casi todo.

Si vendes una oportunidad de negocio:

- Hay un viejo dicho que dice que los empleos interfieren con nuestra semana.

- Hay un viejo dicho que dice, si no eres el primer perro jalando el trineo, la vista siempre es la misma.

- Hay un viejo dicho, dos cheques son mejor que uno.

- Hay un viejo dicho que dice que si trabajas duro, tu jefe va a tener una casa más grande para su retiro.

- Hay un viejo dicho que dice, un empleo te garantiza seguir quebrado.

- Hay un viejo dicho que dice que las personas inteligentes buscan oportunidades.

- Hay un viejo dicho que dice que algunas personas ya se rindieron en la vida y sólo esperan la muerte.

- Hay un viejo dicho, los ricos tienen varias fuentes de ingreso.

- Hay un viejo dicho que dice, la recompensa por graduarte de la universidad son 45 años de trabajo duro.

Si vendes programas de dietas:

- Hay un viejo dicho, las dietas sólo te hacen engordar.

- Hay un viejo dicho que dice que si cambias tu desayuno, puedes estar en forma.

- Hay un viejo dicho, el ejercicio es la clave.

- Hay un viejo dicho que dice, estamos muy ocupados para una dieta.

- Hay un viejo dicho, llevar una dieta es fácil, cuando no tienes hambre.

- Hay un viejo dicho, la gente delgada come un desayuno grande.

- Hay un viejo dicho, perder peso es fácil, lo difícil es mantenerse.

- Hay un viejo dicho que dice, es fácil hacer ejercicio cuando tienes mucha energía.

- Hay un viejo dicho, la proteína te llena.

- Hay un viejo dicho que dice que si empiezas una dieta, algún día la vas a dejar.

Si vendes café saludable:

- Hay un viejo dicho, el café ayuda a quemar grasa.

- Hay un viejo dicho, el café nos hace el día.

- Hay un viejo dicho que dice, no hay nada mejor que una buena taza de café.

- Hay un viejo dicho, todos queremos calidad Starbucks, pero no el precio.

- Hay un viejo dicho, el café es la bebida social por excelencia.

- Hay un viejo dicho que dice que tu café te debe de hacer más saludable.

- Hay un viejo dicho, el café es lo mejor para darnos energía.

- Hay un viejo dicho, todo se lleva bien con un buen café.

Si vendes... bueno, podemos aplicar estas palabras mágicas con ¡casi cualquier cosa!

¡Que comience la magia!

Bien, vamos a juntar un par de éstas palabras mágicas y veremos exactamente cómo podemos lograr que nuestros prospectos abran su mente y escuchen las cosas buenas que decimos.

Entre más palabras mágicas y frases mágicas usemos, más fácil será para nuestro prospecto.

La mayoría de las personas quiere ver algunos ejemplos ya.

Si vendes automóviles:

-Bueno, tú sabes cómo odiamos pagar demasiado por un coche nuevo. La mayoría de las personas quieren un buen trato que les ahorre dinero. Y todo el mundo sabe lo divertido que es presumir con los amigos sobre el precio que conseguimos en nuestro auto nuevo.

Vaya, ¿cómo crees que se siente el prospecto ahora? Resulta que el vendedor de coches es bueno para hacer amistades, ¿eh?

O tal vez el vendedor de autos puede decir esto:

–Hay un viejo dicho, las agencias con mayor volumen tienen los mejores precios. Todo el mundo sabe que vender cientos de coches por mes, ayuda a bajar el precio por auto.

Y a la mayoría de las personas le fascina aprovechar esos ahorros. <Sonrisa>

Si vendes productos para el cuidado de la piel:

–Todo el mundo dice que nuestro rostro es nuestra primera impresión. Y bien, tú sabes cómo queremos protegerlo del sol. La mayoría de las mujeres prefieren crema humectante con bloqueador. Todo el mundo sabe que es nuestra primera línea de defensa de los efectos envejecedores del sol.

O ésto:

–Todo el mundo sabe que los inviernos que tenemos son muy duros con la piel de las mujeres. Y todo dermatólogo dice que durante la noche es cuando se pierde la mayoría de la hidratación. Hay un viejo dicho que dice que tu rostro es tan joven como tu crema de noche.

Si vendes vitaminas:

–Toda mamá sabe que mandar a los niños a la escuela es peligroso. Todo el mundo dice que es el mejor lugar para estar expuesto a todo tipo de gérmenes y virus. La mayoría de las mamás quiere proteger a sus hijos con un buen multivitamínico antes de salir a la escuela.

O:

–Hay un viejo dicho que dice que si no cuidamos nuestro cuerpo, entonces, ¿dónde vamos a vivir? Pero todo el mundo sabe que no hay tiempo para hacer ejercicio. La mayoría de las personas no puede ni apartar tiempo para comer saludable. Y bueno, tú sabes cómo nos encantaría cuidarnos si fuese fácil y rápido.

Si vendes programas de dietas:

–Bien, tú sabes cómo la mayoría de nosotros somos alérgicos al ejercicio. La mayoría nos ponemos rojos y sudamos a chorros. Todo el mundo sabe que debe de haber una mejor manera de perder peso.

O:

–Hay un viejo dicho, si comienzas una dieta, algún día la vas a dejar. Y todo el mundo sabe que ahí es cuando todo el peso regresa. La mayoría de las personas quiere perder peso una vez y, ¡no recuperarlo nunca!

Si vendes membresías para clubes deportivos:

–Bien, tú sabes cómo todos queremos estar en forma. La mayoría de las personas quiere entrar a un club deportivo, pero no tienen tiempo. Todo el mundo dice que conseguir un entrenador personal hace más efectivo el tiempo de ejercicio.

O:

–Todo el mundo sabe que la grasa no está "in" este año. Todo el mundo dice que estar en forma nunca pasa de moda. Y la mayoría de las personas quiere tonificarse en poco tiempo usando nuestro entrenamiento de resistencia.

Si vendes copiadoras:

–Hay un viejo dicho, el tiempo es dinero. La mayoría de la gente quiere una copiadora a la mano para ahorrar tiempo. Todo el mundo dice que es la mejor jugada que puede hacer un jefe de oficina.

O:

—Bien, tú sabes cómo siempre estamos sacando copias. La mayoría de la gente quiere sus copias de inmediato, en vez de correr al cuarto de la copiadora. Todo el mundo sabe que el tiempo es dinero.

Si vendes café saludable:

—Hay un viejo dicho que dice, la mejor manera de comenzar el día, es con una buena taza de café gourmet. Todo el mundo sabe que la vida está hecha de pequeños placeres. Y todo el mundo dice que el delicioso sabor de nuestro café es algo con lo que sueñan durante toda la noche.

O:

—A la mayoría de las personas les encanta el café. Todo el mundo sabe que el café debería ser bueno. Y bien, tú sabes cómo nuestro ingrediente especial te ayuda a mejorar el sistema inmunológico mientras disfrutas de su delicioso sabor. <Sonrisa>

Si vendes bienes raíces:

—Hay un viejo dicho que dice, el dinero de la renta nunca se recupera. La mayoría de las personas prefiere destinar ese dinero al pago de su casa propia. Todo el mundo dice que es el primer paso para hacerse rico.

O:

—Hay un viejo dicho, los bienes raíces siempre suben de precio. Todo el mundo sabe que es una de las inversiones más seguras. La mayoría de las personas no quiere arriesgar su dinero en acciones.

Desactiva la "alarma de vendedores" con esta frase.

Las personas están programadas para sospechar de los vendedores. Los vendedores tienen intenciones de venderte algo.

A nadie le gusta que le <u>vendan</u> cosas, pero a la gente le encanta <u>comprar</u>.

Así que, ¿cómo logras que la gente sienta que está comprando en lugar de sentir que le están vendiendo?

Poniendo en sus manos el control del flujo de la información.

Cuando alguien te está dando una presentación, te están <u>vendiendo</u>. Cuando haces preguntas, y te responden las preguntas, entonces estás <u>comprando</u>.

¿Ves la diferencia?

¿Qué pregunta hará que cambien su percepción sobre ti?

¿Qué tal esto?

"¿Qué te gustaría saber primero?"

En lugar de usar un guión y presentar, los pones en el modo "haga preguntas".

Es fácil y es ameno.

A nadie le gusta una conversación de una vía, donde el vendedor habla <u>hacia</u> nosotros.

Así que tan pronto como sea posible, haz la pregunta:

"¿Qué te gustaría saber primero?"

¿Y sabes qué es lo más divertido?

Tu prospecto te dirá lo que quiere saber primero, y de esa manera estarás hablando acerca de lo que <u>realmente</u> le interesa a tu prospecto.

Haz un cumplido sincero.

No es tan fácil como parece.

Si el cumplido es muy obvio, el prospecto sentirá una mayor inseguridad. Así que evita los cumplidos obvios como:

—Te ves muy bien hoy.

—Oh, pero que casa tan linda.

—Me gusta tu manera de vestir.

—Parece que eres una persona muy lista.

Este tipo de cumplidos obvios crean una mayor barrera de escepticismo con tu prospecto.

Y la mayoría de las personas se sienten incómodas recibiendo este tipo de cumplidos tan obvios.

Un cumplido menos obvio le muestra a la otra persona que te interesas lo suficiente como para ver más profundo, y encontrar algo que la mayoría de las personas no alcanza a notar. Vamos a rehacer los cuatro cumplidos anteriores con versiones menos obvias:

—Siempre estás sonriendo. ¿Dónde encuentras la energía para sonreír mientras cuidas cuatro hijos y un esposo?

–Éste piso de madera es muy lindo. ¿Fue difícil de instalar?

–Tu bufanda de seda es muy bonita. ¿Dónde la conseguiste?

–Veo que estás leyendo "Business Weekly" ¿Cuánto tiempo tienes con tu suscripción?

¿Notaste cómo inmediatamente agregamos una pregunta después de cada cumplido menos obvio?

Cuando haces una pregunta <u>después</u> de un cumplido, le quitas la presión al prospecto. No tienen que agradecer por el cumplido. En lugar de eso, ahora tienen una pregunta por responder, y eso es mucho más cómodo para tu prospecto.

¡Haz que tu prospecto hable de sí mismo, inmediatamente!

Dale Carnegie lo mencionó brillantemente en su genial libro "Cómo Ganar Amigos E Influir Sobre Las Personas."

¿Cómo puede tu prospecto resistir tal oportunidad? ¡Una oportunidad de hablar sobre sí mismo y tener a alguien (tú) dispuesto a escuchar!

Para la mayoría de las personas, éstos preciados momentos son escasos.

Una vez que tu prospecto tenga la oportunidad de hablar sobre sus ideas, sus sueños, sus metas y sus problemas, se sentirá mucho más confortable contigo.

¿Cómo puedes hacer que tu prospecto hable de sí mismo?

Fácil.

¡Sólo pregunta!

Tu prospecto va a continuar desde ahí.

¿No se te ocurre una pregunta? Aquí tienes algunas que te ayudarán en el arranque:

- ¿Tienes mucho tiempo viviendo aquí?

- ¿Dónde viste mi anuncio?

- ¿Qué parte de mi anuncio te llamó la atención?

- ¿Desde hace cuánto tiempo conoces a Juan?

- ¿Desde hace cuánto tiempo estás teniendo éste problema?

- ¿Te gusta viajar?

- ¿A qué hora tienes que salir por la mañana para no quedar estancado en el tráfico?

- ¿Qué es lo que harías si tuvieses más tiempo libre?

Muy sencillo, ¿no es así?

El tema es: si tu prospecto está asustado, resistente y sospecha de nosotros, entonces nuestra presentación caerá en oídos sordos. Eso es malo.

Pero si nuestros prospectos están hablando de sí mismos, todo en su mundo está en orden. Están felices.

Se sienten que están en control. Después de todo, ¿cómo pueden nuestros prospectos comportarse escépticos cuando personas tan fascinantes, como ellos, son los que están hablando?

Mientras más habla tu prospecto, más fácil es entrar en afinidad.

Una pregunta común que puede arruinar la afinidad.

"¿Por qué?"

La pregunta "¿Por qué?" puede mostrar tu interés y hacer que tu prospecto hable más.

Pero hay un lado negativo a la pregunta "¿Por qué?"

¿Recuerdas cuando eras niño y hacías algo malo? Tus padres o tus maestros te hacían la pregunta: –¿Por qué hiciste eso?

Bien, no sólo tenías un sentimiento negativo, también tenías que justificar el POR QUÉ lo hiciste. Ésta pregunta te ponía a la defensiva y, bien, todo el mundo sabe que no puedes crear afinidad si estás a la defensiva.

Ahora, vamos a imaginar que estás hablando con un prospecto y tú vendes automóviles BMW. Tu prospecto acaba de informarte que su última compra fue un Mercedes-Benz.

Tú preguntas:

–¿Y por qué compraste un Mercedes?

Y ahora tu prospecto está enlistando todas las razones por las cuales compró un Mercedes-Benz, y está convenciéndose de nuevo, de que fue una buena decisión.

Será difícil crear afinidad posteriormente en la conversación cuando le digas a tu prospecto que los BMW son una mejor opción.

Así que utiliza la pregunta "¿Por qué?" con mucho cuidado. Evita poner a tu prospecto en la posición dónde tiene que defender sus razones de no comprar lo que estás vendiendo.

"¿Es difícil hacer que la gente te crea?"

La mayoría de las personas saben, la respuesta es: No.

Todo el mundo sabe que es fácil hacer que las personas crean las cosas buenas que dices.

En este libro has aprendido las siguientes técnicas de principiante para crear mejores conversaciones, mejores ventas y mejorar la creencia del prospecto. Eso se llama... ¡afinidad!

Técnica 1.

Decir un hecho que tú y tu prospecto estén de acuerdo.

Técnica 2.

Igualar el ritmo de tu prospecto.

Técnica 3.

Decir dos hechos que tú y tu prospecto estén de acuerdo.

Técnica 4.

Sonreír.

Técnica 5.

La mayoría de las personas.

Técnica 6.

Todo el mundo sabe.

Técnica 7.

Todo el mundo dice.

Técnica 8.

Bien, tú sabes cómo.

Técnica 9.

Hay un viejo dicho.

Técnica 10.

¿Qué quieres saber primero?

Técnica 11.

Un cumplido sincero.

Técnica 12.

Haz que tu prospecto hable.

Técnica 13.

Evita preguntar "¿Por qué?" para que tu prospecto se defienda.

¿Afinidad? Todo sucede tan rápido. En sólo segundos, los programas automáticos en nuestra cabeza hacen decisiones rápidas de confiar y creer en una persona, o no.

Y todo sucede con las programaciones automáticas dentro de nuestra cabeza.

En Texas tenemos un dicho, "Los perros saben a quién morder."

Algunas personas describen la decisión de afinidad como una "vibra", una conexión. Pero ahora ya sabemos que ésta decisión de afinidad no es un evento al azar. Es algo que podemos controlar.

¿Te sientes poderoso? ¿Listo para hacer que tus ideas y presentaciones cambien la vida de mucha gente, en lugar de que reboten en su frente?

El resto depende de ti.

Ahora tienes 13 maneras de crear la afinidad que siempre has querido.

MÁS RECURSOS DE BIG AL

¿Deseas que Big Al de una conferencia en tu área?

http://www.BigAlSeminars.com

Mira la línea completa de productos de Big Al en:

http://www.FortuneNow.com

Otros libros geniales de Big Al están disponibles en:

http://BigAlBooks.com

SOBRE EL AUTOR

Tom "Big Al" Schreiter tiene más de 40 años de experiencia en redes de mercadeo y multinivel. Es el autor de la serie original de libros de entrenamiento "Big Al" a finales de la década de los 70s, continúa dando conferencias en más de 80 países sobre cómo usar las palabras exactas y frases para lograr que los prospectos abran su mente y digan "SI".

Su pasión es la comercialización de ideas, campañas de comercialización y cómo hablar a la mente subconsciente con métodos prácticos y simplificados. Siempre está en busca de casos de estudio de campañas de comercialización exitosas para sacar valiosas y útiles lecciones.

Como autor de numerosos audios de entrenamiento, Tom es un orador favorito en convenciones de varias compañías y eventos regionales.

Traducción Por
Alejandro González López